Espiritualidade Emocionalmente Saudável

Guia de Estudos

Desencadeie uma revolução *em sua vida* com Cristo

Peter Scazzero

UNITED PRESS
um selo editorial hagnos

1ª edição: fevereiro de 2014
8ª reimpressão: abril de 2025

Tradução: Onofre Muniz
Revisão: Josemar S. Pinto
Diagramação: Catia Soderi
Capa: Maquinaria Studio
Editor: Aldo Menezes
Coordenador de produção: Mauro Terrengui
Impressão e acabamento: Imprensa da Fé

Editora Hagnos Ltda.
Rua Geraldo Flausino Gomes, 42, conj. 41
CEP 04575-060 — São Paulo, SP
Tel.: (11) 5990-3308

E-mail: editorial@hagnos.com.br | Home page: www.hagnos.com.br
Editora associada à Associação Brasileira de Direitos Reprográficos (ABDR)

Dados Internacionais de Catalogação na Publicação (CIP)
Câmara Brasileira do Livro, SP, Brasil

Scazzero, Peter, 1956
Espiritualidade emocionalmente saudável: desencadeie uma revolução em sua vida com Cristo : guia de estudos / Peter & Geri Scazzero; [tradução Onofre Muniz]. -- São Paulo : Editora Hagnos, 2014.

Título original: Emotionally Healthy Spirituality: Workbook for Individual or Group Study

ISBN 978-85-243-0449-1

1. Crescimento espiritual 2. Espiritualidade 3. Saúde emocional - Aspectos religiosos - Cristianismo 4. Vida cristã I. Scazzero, Geri. II. Título

14-00061 CDD 248.4

Índices para catálogo sistemático:
1. Espiritualidade : Cristianismo : Guia de estudos 248.4

SUMÁRIO

INTRODUÇÃO

BEM-VINDO

O objetivo deste guia de estudos é ajudá-lo a pôr em ação as verdades bíblicas encontradas em *Espiritualidade emocionalmente saudável* (Hagnos). A ideia que desenvolveremos é simples, embora de grande alcance:

> *A saúde emocional e a espiritualidade contemplativa, quando se entrelaçam, oferecem nada menos que uma revolução espiritual, transformando os lugares ocultos sob a superfície de nossa vida.*

Desenvolver uma espiritualidade emocionalmente saudável requer propósito, e o propósito requer um plano. Nossa oração é que estes estudos forneçam uma estrutura e recursos para ajudá-lo a colocar em prática esse plano.

Cada estudo incluído neste livro de exercícios sobre os oito princípios explorados pode ser ampliado independentemente. Este livro de exercícios está projetado para apresentá-lo a uma vida com Deus que vá além da espiritualidade do tipo "ponta do *iceberg*", para que Cristo possa transformar profundamente o seu ser. De fato, a implementação desses caminhos envolverá o resto de sua vida.

Os oito estudos estão divididos como segue:

- **Semana 1:** O problema da espiritualidade emocionalmente doentia
  Os 7 caminhos para a espiritualidade emocionalmente saudável
- **Semana 2:** Conheça a si mesmo para poder conhecer Deus
- **Semana 3:** Retroceda para poder avançar
- **Semana 4:** A jornada através da Muralha
- **Semana 5:** Amplie sua alma através do sofrimento e da perda
- **Semana 6:** Descubra os ritmos do ofício divino e do descanso

- **Semana 7:** Torne-se um adulto emocionalmente maduro
- **Semana 8:** Dê o próximo passo para desenvolver uma "Regra de Vida"

COMO USAR ESTE GUIA DE ESTUDOS

Este livro foi projetado para ser mais eficiente quando usado junto com o livro *Espiritualidade emocionalmente saudável* (Hagnos). Nós o incentivamos a ler os capítulos designados antes de cada sessão semanal de estudo. Embora a leitura do livro não seja absolutamente essencial para o aproveitamento dos estudos, isso impactará exponencialmente a integração do material em sua vida.

Cada um dos oito estudos semanais se divide em quatro seções:

- **Crescer conectado**
- **Introdução:** uma pergunta para começar
- **Estudo bíblico:** Tenha sua Bíblia em mãos
- **Aplicações e exercícios**

Espaço fornecido no livro de exercícios para que você anote seus comentários, perguntas, respostas e outras aprendizagens que Deus possa lhe trazer.

Talvez haja a tentação de investir várias semanas em cada estudo, mas faça o possível para desenvolver e manter um ritmo de estudo à razão de apenas um tema por reunião. A intenção é que o livro de exercícios seja usado como uma ampla introdução a cada um dos temas. Lembre-se, o objetivo é, especificamente, COMEÇAR A JORNADA até a espiritualidade emocionalmente saudável. Procure completar cada estudo no tempo designado.

As "Notas do líder para cada estudo" que se encontram no final deste livro fornecem informação extremamente útil para complementar os estudos. Se você estiver usando somente este livro, isso também servirá. Estimulamos especialmente os líderes/ facilitadores de grupos a aproveitarem esse valioso material. Todas as notas de rodapé de página também se encontram nessa seção.

CONSELHOS SUGERIDOS PARA O PEQUENO GRUPO

Respeite a confidencialidade

Para criar um ambiente seguro em que os integrantes participem aberta e honestamente, compartilhe somente sua própria experiência. Respeite os outros protegendo o que eles compartilham pessoalmente dentro do grupo.

Fale por você mesmo

Use declarações que comecem com "Eu" tanto quanto possível.

Respeite os outros

Seja breve ao compartilhar, seja consciente de que existem limitações de tempo e que outros talvez queiram compartilhar.

Volte a se perguntar

Se você se sente na defensiva ou tentado a julgar quando alguém mais compartilha, faça a si mesmo a pergunta: "O que o(a) levou a crer dessa forma?" "Eu me pergunto o que ele(ela) está sentindo neste momento?" "Eu me pergunto o que minha reação me ensina sobre mim mesmo?".

Presença

Vamos iniciar na hora e terminar na hora.

Esteja preparado

Para tirar o melhor proveito de nosso tempo juntos, pedimos que você leia os capítulos correspondentes de *Espiritualidade emocionalmente saudável* que acompanham cada estudo. Tenha sua Bíblia em mãos e o livro de exercícios cada semana.

Silêncio

É bom que haja silêncio entre as respostas enquanto o grupo compartilha. Isso dá aos participantes a oportunidade de refletir. Lembre-se, não há pressão para compartilhar.

Semana 1

O PROBLEMA DA ESPIRITUALIDADE EMOCIONALMENTE DOENTIA

Leitura: Capítulos 1, 2 e 3

A saúde emocional e a maturidade espiritual não podem ser separadas. É impossível ser espiritualmente idôneo enquanto você permanece emocionalmente imaturo. Sabemos. Tentamos - sem êxito durante anos.

Quando ignoramos o componente emocional de nossa vida, nos movemos através de disciplinas, atividades e comportamentos cristãos, mas os padrões enraizados de comportamento de nosso passado continuam impedindo vivermos uma vida autenticamente madura em Cristo.

Falamos frequentemente ao refletir sobre o que se passa dentro de nós e ao nosso redor (saúde emocional) e estamos muito ocupados para diminuir a velocidade para estarmos com Deus (espiritualidade contemplativa). Como resultado, corremos o alto risco de permanecer como meninos espirituais, fracassando em nos desenvolver como adultos idôneos espiritual e emocionalmente em Cristo.

Jay, um dos membros da nossa igreja, descreve isso de forma mais adequada: "Fui cristão durante vinte e dois anos. Mas em vez de ter sido um cristão de vinte e dois anos, fui um cristão de 1 ano de idade 22 vezes! Simplesmente continuei fazendo as mesmas coisas várias e várias vezes".

CRESCER CONECTADO .... 20 MINUTOS

Diga o seu nome, o que espera obter ao participar do grupo e algumas palavras sobre o que o faz sentir completamente vivo.

Leia em voz alta para o seu pequeno grupo os conselhos que estão na página 7.

INTRODUÇÃO .... 20 MINUTOS

A seguir, os dez sintomas principais de uma espiritualidade emocionalmente doentia. Permita que o grupo leia de forma alternada a lista em voz alta e a seguir compartilhe o sintoma que é mais relevante em sua vida hoje.[1]

1. Usar Deus para fugir de Deus

(Exemplo: Normalmente foco minhas orações no sentido de que Deus faça a minha vontade, não me rendendo à vontade dele)

2. Ignorar as emoções de contrariedade, tristeza e medo

(Exemplo: Raramente sou honesto comigo mesmo e/ou com os outros sobre os sentimentos, mágoas e dores sob a superfície da minha vida)

3. Morrer para as coisas equivocadas

(Exemplo: Tenho a tendência de negar os desejos e prazeres saudáveis da vida dados por Deus (amizades, alegria, música, beleza, sorrisos, natureza) enquanto acho difícil morrer para o meu autoprotecionismo, defensividade, suscetibilidade e tendência para julgar)

4. Negar o impacto do passado no presente

(Exemplo: Raramente considero a maneira como minha família de origem, bem como pessoas e eventos significativos do meu passado deram forma ao meu presente).

5. Dividir a vida em compartimentos "secular" e "sagrado"

(Exemplo: Com facilidade segrego Deus limitando-o a "atividades cristãs", enquanto me esqueço dele quando estou trabalhando, fazendo compras, estudando, ou me divertindo)

6. Fazer para Deus em vez de estar com Deus

(Exemplo: Minha tendência é avaliar minha espiritualidade com base no que faço para Deus)

7. Usar a espiritualidade para expulsar o conflito

(Exemplo: Em nome de "pacificar", enterramos as tensões e evitamos o conflito em vez de falar a verdade com amor)

8. Encobrir o ferimento, a debilidade e o fracasso

(Exemplo: Em vez de humildade e acessibilidade, sou extremamente reativo e defensivo)

9. Viver sem limites

(Exemplo: As pessoas próximas a mim poderiam dizer que frequentemente "eu tento fazer tudo" ou "como mais do que posso mastigar")

10. Julgar a jornada espiritual dos outros

(Exemplo: Vejo-me com frequência ocupado e incomodado com as falhas dos outros)

ESTUDO BÍBLICO – 1SAMUEL 15:7-24 .... 30 MINUTOS

Saul, rei de Israel, recebeu instruções de Deus para lutar e destruir por completo os amalequitas.[2] Contudo, ele sucumbiu aos desejos de seus guerreiros e fez apenas parcialmente a vontade de Deus devido à sua falta de conhecimento de si mesmo (saúde emocional) e atenção a Deus (contemplação). Leia 1Samuel 15:7-24.

1. O versículo 11 descreve as respostas de Deus e de Samuel às ações de Saul. Qual o impacto das respostas dele sobre você?

____

____

____

____

2. Como estas respostas diferem da resposta de Saul nos versículos 12 e 13?

____

____

____

____

3. O que pode ter se passado sob a superfície da vida de Saul (*iceberg*) que ele não tinha consciência?[3]

____

____

____

____

4. Volte a ler os versículos 22 e 23. Descreva com suas palavras como Samuel explica a desobediência de Saul.

5. Cite alguns exemplos de como vamos oferecer "holocaustos" e "sacrifícios" em vez de "obedecermos à voz de Deus"?

6. Note como é grave o versículo 23. Que passo(s) positivo(s) Saul poderia ter dado para se conscientizar do seu próprio *iceberg* e ouvir Deus em sua situação? Qual poderia ser um passo positivo para você?

APLICAÇÕES/EXERCÍCIOS .... 20 MINUTOS

Não somente Saul esteve inconsciente do que se passava dentro dele (saúde emocional), como também não cultivou uma vida contemplativa com Deus (diferente de Davi). Seu "fazer" para Deus não fluiu de seu "ser" com Deus.

Do mesmo modo, nosso "fazer" para Jesus deve fluir de nosso "ser" com ele. Vivemos, com muita frequência, à custa da espiritualidade de outra pessoa e nos relacionamos com Deus "às pressas" enquanto estamos ocupados.

1. Quais desafios impedem que você reduza a velocidade em sua vida para estar com Deus?

____

____

____

____

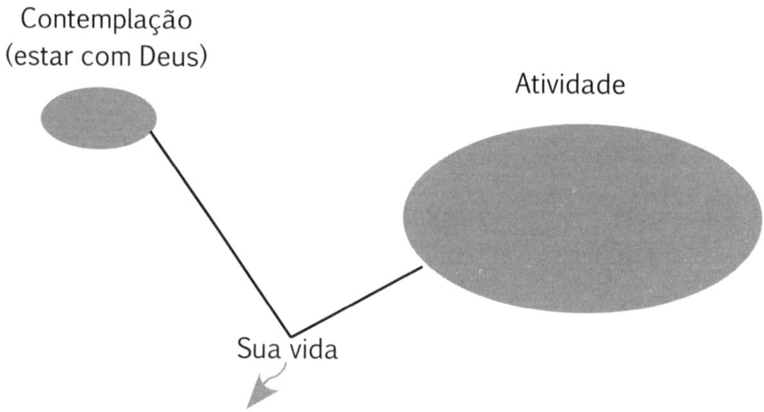

Este diagrama ilustra nossa vida espiritual, onde nossas atividades (ex., nosso fazer) estão desequilibradas com respeito à nossa vida contemplativa (ex., nossa vida interior com Jesus).

2. Usando dois círculos como os que estão acima, desenhe o seu próprio diagrama para ilustrar como suas atividades (ex., seu fazer) se equilibram com sua vida contemplativa (ex., seu ser com Deus).[4]
3. O restante deste livro de exercícios versará sobre as maneiras como podemos fazer mudanças em nossa vida. Neste ponto, quais poderiam ser uma ou duas decisões sinceras que você pode tomar para conseguir dar esse primeiro passo para diminuir a velocidade em sua vida e equilibrar seus dois círculos?

____

____

____

____

4. Reserve alguns minutos e ore com seu grupo a respeito do que Deus disse durante este primeiro estudo.

PARA O ESTUDO DA PRÓXIMA SEMANA

Leia o capítulo 4: "Conheça a si mesmo para poder conhecer Deus".

Semana 2

CONHEÇA A SI MESMO PARA PODER CONHECER DEUS[5]

Leitura: Capítulo 4

O autoconhecimento e o relacionamento com Deus estão estreitamente associados. De fato, o desafio de abandonar nosso "falso antigo" eu para vivermos autenticamente nosso "verdadeiro novo" ego está no cerne da verdadeira espiritualidade.

Agostinho escreveu em *Confissões* (400 d.C.): "Como você pode se aproximar de Deus estando distante de si mesmo?" Por isso ele orou: "Concede, Senhor, que eu possa conhecer a mim mesmo para que possa conhecer a ti".

João Calvino escreveu na abertura de suas *Institutas da religião cristã* (1530): "A sabedoria verdadeira e substancial consiste quase inteiramente em duas coisas: o conhecimento de Deus e o conhecimento de nós mesmos. Mas, embora esses dois ramos da sabedoria estejam estreitamente ligados entre si, não é fácil ver qual dos dois precede e dá origem ao outro".

A grande maioria de nós morre sem saber quem é. Vivemos inconscientemente a vida de alguém, ou pelo menos a expectativa de alguém para nós. Com isso, nos violentamos e atingimos nossa relação com Deus e o próximo.

CRESCER CONECTADO .... 15 MINUTOS

1. Descreva o trabalho de seus sonhos. (Lembre o grupo de que cada integrante tem 30 segundos para compartilhar.)[6]

___

___

___

___

INTRODUÇÃO .... 20 MINUTOS

LEIA A SEGUINTE INTRODUÇÃO EM VOZ ALTA:

A jornada da genuína transformação para a espiritualidade emocionalmente saudável começa com um compromisso: permitir-se sentir. Isso é parte essencial de nossa humanidade e personalidade singular como homens e mulheres feitos à imagem de Deus. A Escritura revela Deus como um ser emocional que sente - uma Pessoa.

Tendo sido criados à imagem dele, nós também fomos criados com o dom de sentir e experimentar emoções. Alguns de nós talvez tenhamos aprendido que esses sentimentos não são confiáveis; que são perigosos e podem nos afastar da vontade de Deus para nossa vida. Embora seja certo de que não devemos ser guiados por nossas emoções, elas desempenham uma função crítica em nosso discipulado e discernimento da vontade de Deus.[7]

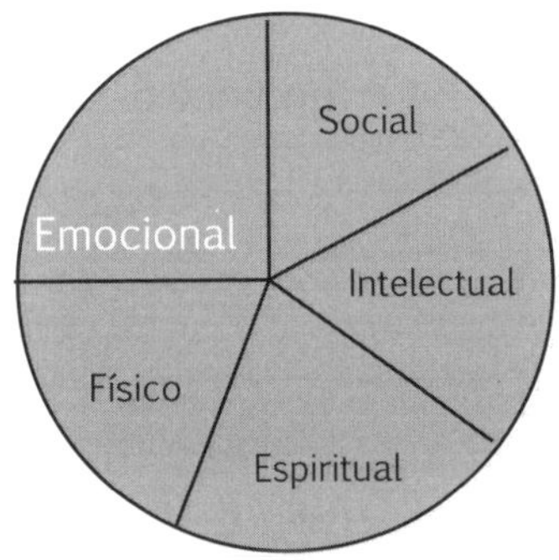

DIFERENTES PARTES/
COMPONENTES DE QUEM SOMOS

Há centenas de emoções, cada uma com suas variações, misturas e sutilezas. Os pesquisadores as classificam em oito grupos principais, como se vê nas seguintes perguntas:

DÊ SETE MINUTOS PARA RESPONDER ÀS SEGUINTES PERGUNTAS:

Escolha quatro perguntas da lista abaixo e escreva, como se fosse um diário, suas respostas no espaço fornecido. Se começar a escrever e perceber que há muito mais a dizer sobre um sentimento em particular, limite-se simplesmente a este no prazo designado.

- Com o que você está zangado?

- Qual o motivo da sua tristeza?

- Do que você tem medo?

- O que você está apreciando?

- O que ou quem você ama?

- O que o surpreende?

- O que o decepciona?

Dê oito minutos para a resposta desta pergunta:

Como você se sente ao escrever a respeito de seus sentimentos num diário?[8]

ESTUDO BÍBLICO - 1SAMUEL 17:26-45 .... 35 MINUTOS

Nesta conhecida história, o exército de Israel enfrenta o enorme exército dos filisteus. Durante quarenta dias Golias, descrito como um homem de 2,90 metros de altura, vestido com forte armadura e carregando armamento pesado, desafia qualquer soldado israelita a sair para lutar contra ele. Quando os israelitas o viram, porém, *todos fugiram cheios de medo* (1Samuel 17:24, NVI). Voltamos à história depois que Davi escuta, pela primeira vez, o humilhante desafio de Golias ao exército de Israel. Leia 1Samuel 17:26-45.

1. Em suas palavras, qual a pergunta feita por Davi após ouvir o desafio de Golias (v. 26)?

2. Quais são alguns desafios, acusações e mensagens que Davi está recebendo das pessoas ao seu redor?

- Da família de Davi (v. 28)

- De Saul (v. 33,38)

- De Golias (v. 41,45)

3. Que sentimentos você poderia ter experimentado se fosse Davi?

4. Como Davi conseguiu agir de acordo com seu verdadeiro ego contra as poderosas forças e pressões que procuravam convertê-lo em alguém que ele não era?

5. A habilidade de Davi em se manter autêntico em meio a grandes provas e pressões é o que, em termos modernos, se denomina **diferenciação**.[9] Se Davi tivesse sido menos diferenciado, como teria respondido a seus irmãos, a Saul e a Golias?

APLICAÇÕES/EXERCÍCIOS .... 25 MINUTOS

1. Que forças ou pressões das pessoas e das circunstâncias fazem com que você retroceda, atemorizado, ou "vista uma armadura" que não se ajusta ao que você realmente é?

2. Muitos de nós não estamos acostumados a distinguir a diferença entre a nossa verdadeira identidade e a falsa identidade, o que torna difícil saber por onde começar. Complete a seguinte oração e a compartilhe com seu pequeno grupo como um primeiro passo: Estou começando a me dar conta de que...

3. Termine esta reunião em oração, pedindo para conhecer mais a si mesmo a fim de que você possa conhecer Deus.

Para o estudo a próxima semana

Leia o capítulo 5: "Retroceda para avançar".

DIÁRIO

Semana 3

RETROCEDA PARA AVANÇAR

Leitura: Capítulo 5

A espiritualidade emocionalmente saudável implica a decisão de Deus de nascermos numa família especial, num lugar especial, em determinado momento da história.

A escolha de aceitar nosso passado nos concede certos dons e oportunidades. Isso também nos dá certa quantidade do que chamarei de "bagagem emocional" em nossa jornada na vida. Para alguns, essa bagagem é mínima; para outros, é uma carga pesada.

A verdadeira espiritualidade nos liberta para vivermos alegremente. Viver alegremente, porém, requer retroceder para avançar. Esse processo nos leva exatamente ao núcleo de espiritualidade e discipulado na família de Deus - livrando-nos dos pecaminosos padrões destrutivos do nosso passado para vivermos a vida de amor que Deus deseja.

CRESCER CONECTADO .... 5 MINUTOS

Em nossa última reunião estudamos com Davi o tema "Conheça a si mesmo para poder conhecer Deus". Nesta semana nosso tema é direcionado ao mesmo núcleo do nosso discipulado na família de Deus - "Retroceder para avançar".

1. Como você descreveria o ambiente da família na qual cresceu? (ex., positivo, nervoso, crítico, acessível, irritante, tenso, cooperativo, competitivo, próximo, distante, divertido, sério etc.)

____

____

____

____

INTRODUÇÃO .... 15 MINUTOS

Nossa necessidade de retroceder para avançar pode ser resumida em duas verdades bíblicas essenciais:

- As bênçãos e pecados de nossas famílias que remontam a duas ou três gerações impactam profundamente quem somos hoje.
- O discipulado requer colocar de lado os padrões pecaminosos de nossa família de origem e reaprender como viver a vida da maneira que Deus deseja em sua família.

1. Qual o maior medo que você sente ao recordar sua família de origem para discernir os padrões e temas não saudáveis? Explique.

____

____

____

____

ESTUDO BÍBLICO – GÊNESIS 50:15-24 .... 35 MINUTOS

A "família" é um sistema emocional de duas a quatro gerações que se move pela vida em lugares e épocas distintas. Ao nascer nas famílias, herdamos seus modos de se relacionar, seus valores e seus estilos de vida no mundo. A história de sua família e sua história individual não pode ser separada.

José é um excelente exemplo dessa realidade. Ele nasceu numa família complexa e misturada onde Jacó, seu pai, suas duas esposas, duas concubinas e seus filhos, todos viviam debaixo do mesmo teto. José foi o filho favorito de Jacó. Como resultado, seus irmãos se tornaram ciumentos, levando-os a vender José a um grupo de mercadores que o levou para o Egito. Os irmãos nunca esperavam ouvir falar de José novamente. Após ser vendido, a vida de José se torna difícil. Nos treze anos seguintes, José viveu primeiro como escravo, depois como prisioneiro acusado falsamente de estupro.

1. Imagine-se na pele de José, sentado numa cela de prisão, sem esperança de liberdade. Que pensamentos, sentimentos ou dúvidas você poderia ter tido a respeito de sua família? Sobre você mesmo? Sobre Deus?

2. Por intervenção milagrosa, José é tirado da prisão e se torna a segunda pessoa mais poderosa do Egito. Quando seus irmãos vêm a ele em busca de ajuda e comida, José os convida a trazer seu pai e viverem no Egito. Após a morte do pai, os irmãos começam a se preocupar. Leia Gênesis 50:15-21. O que os irmãos de José estão supondo a respeito dele?

3. Por que você acha que José chora? (v. 17)[10]

4. José escolhe romper com a maneira "normal" como sua família trata as mágoas emocionais e o conflito ao perdoar seus irmãos. Como você teria reagido se estivesse no lugar de José? (Certifique-se de se colocar no lugar de José.)

5. Lentamente, releia os versículos 19-21. Vemos ali a reação de José às enormes e dolorosas perdas por ele sofridas. Analise cuidadosamente, a seguir, os diferentes aspectos dessa resposta. À medida que você meditar na história de sua própria vida, qual delas fala mais a você?

"Não tenham medo"

____

____

____

____

"Estaria eu no lugar de Deus?"

____

____

____

____

"Vocês planejaram o mal contra mim, mas Deus o tornou em bem"

____

____

____

____

APLICAÇÕES/EXERCÍCIOS .... 35 MINUTOS

(10 minutos para trabalhar os quadros na página seguinte e 25 minutos para responder às perguntas 2-4)

José teve uma valiosa consciência de o que era ser parte de sua família de origem e como esta havia dado forma à sua vida.

1. Preencha as caixas do diagrama abaixo. Nós o estimulamos a fazê-lo em atitude de oração, mesmo que tenha feito exercício semelhante antes. Sempre recebemos

novas percepções quando ponderamos e refletimos sobre o impacto de nossa família sobre nós em épocas diferentes.[11]

- Liste as mensagens que você recebeu de seus pais ou tutores (ex., Não seja fraco. Educação é tudo. Você precisa ter sucesso na vida para ser amado. Não fique triste; as coisas poderiam ser piores. Ganhe muito dinheiro. Não confie nas pessoas: elas ferirão você).
- Liste qualquer evento "terremoto" que tenha enviado "ondas de choque" em sua família estendida (ex., abuso, mortes súbitas ou prematuras/perdas, divórcios, segredos vergonhosos revelados etc.).
- Olhe para as três caixas separadas e resuma quais mensagens sobre a vida você/outros internalizaram. Então preencha a caixa do meio, "mensagens acumuladas que eu recebi".

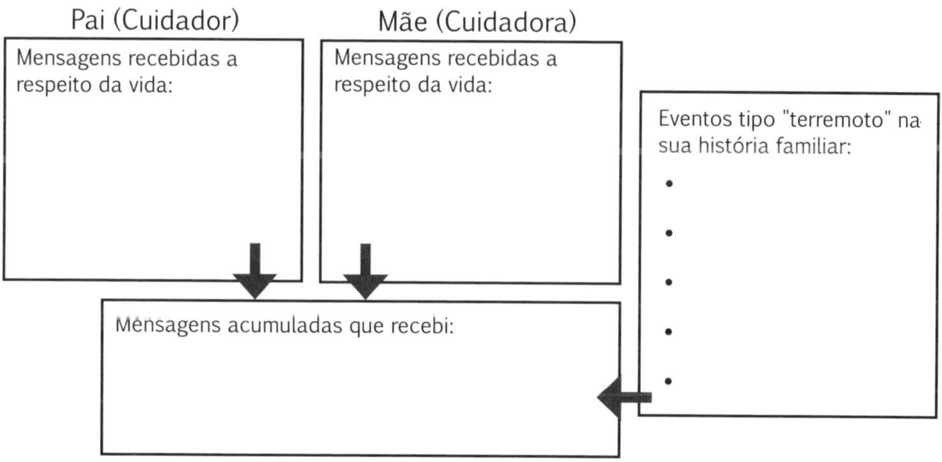

2. Compartilhe com o grupo a(s) mensagem(s) que você recebeu.

____

____

____

____

____

3. Como estas mensagens se comparam com as mensagens sobre quem você é e como a vida deve ser vivida na família de Deus?

4. Qual poderia ser a mensagem específica de sua família que Deus está revelando hoje e que você poderia querer mudar como uma das partes mais difíceis do seu discipulado?

5. Paulo orou em Efésios 1:18 para que pudéssemos conhecer o incomparável poder de Deus para que creiamos. Quando recebemos Jesus Cristo, a pessoa do Espírito Santo vem morar dentro de nós. Orem uns pelos outros. Ore por você mesmo, pedindo a Deus que o transforme e que toda a sua vida seja uma bênção para os outros!

Para o estudo da próxima semana

Leia o capítulo 6: "A jornada através da Muralha".

DIÁRIO

Semana 4

A JORNADA ATRAVÉS DA MURALHA

Leitura: Capítulo 6

A espiritualidade emocionalmente saudável exige que se passe pela dor da Muralha - ou, como os antigos a chamavam, "a noite escura da alma". Para muitos, retroceder para avançar nos impele contra a Muralha. Outros são induzidos a isso por circunstâncias e crises além do seu controle.

Independentemente de como chegamos lá, todo seguidor de Jesus, em determinado momento, enfrentará a Muralha. O insucesso em compreender e nos submeter à obra de Deus na Muralha resulta frequentemente em grande e demorado sofrimento e confusão. Receber o dom de Deus na Muralha, entretanto, transforma nossa vida para sempre.

CRESCER CONECTADO .... 10 MINUTOS

1. Nesta fase de sua vida, qual é o maior obstáculo que você enfrenta? Explique.

____

____

____

____

INTRODUÇÃO .... 15 MINUTOS

(Leia a seção seguinte)

Para muitos de nós, a Muralha aparece por meio de uma crise que vira nosso mundo de cabeça para baixo. Ela vem, talvez, através de um divórcio, da perda do emprego, da morte de um amigo chegado ou de um membro da família, um diagnóstico de câncer, uma experiência decepcionante na igreja, uma traição, um sonho desfeito, um filho rebelde, um acidente de carro, incapacidade de engravidar, um profundo desejo de se casar que permanece irrealizado, insensibilidade ou perda de alegria em nosso relacionamento com Deus. Questionamos a nós mesmos, Deus e a igreja. Descobrimos pela primeira vez que a nossa fé parece não "funcionar". Temos mais perguntas que respostas quando todo o fundamento de nossa fé parece estar em risco. Não sabemos onde Deus está, o que ele está fazendo, para onde ele está indo, como irá nos buscar lá ou quando isso irá terminar. Isso (a Muralha) não é simplesmente um evento único pelo qual passamos e vamos adiante. Parece ser algo ao qual retornamos como parte do nosso contínuo relacionamento com Deus (p. 151-152).

1. Se você vem atravessando a Muralha, compartilhe em poucas palavras uma forma de como isso tem impactado você e sua perspectiva de Deus.[12]

____

____

____

____

____

____

____

____

ESTUDO BÍBLICO - GÊNESIS 22:1-14 .... 40 MINUTOS

Abraão, em sua peregrinação terrena com Deus, parece haver passado por inúmeras Muralhas. A maior de todas, entretanto, teve lugar quando Deus lhe pediu para fazer o impensável - matar seu único filho Isaque. Leia 22:1-14.

1. Como você poderia entender as palavras do versículo 2: *Tome seu filho, seu único filho... Sacrifique-o.*

2. Que aspectos de "a noite escura" poderiam ter atormentado a alma de Abraão quando ele amarrou seu filho Isaque e o colocou sobre o altar? (Ex., desânimo, sentimento de fracasso, derrota, vazio, aridez, descrença, culpa, desilusão, abandono por Deus)

3. À luz dessa história, como a imagem que você faz de Deus foi desafiada?

4. Quais são algumas razões possíveis que nos tornam difícil aceitar e a nos mover através das Muralhas?[13]

5. Todo crente, para crescer em Cristo, deve atravessar as Muralhas, ou experimentar "as noites escuras da alma".

Essa é a maneira como Deus "redesenha" e "purifica nossos afetos e paixões" para podermos nos deleitar em seu amor e entrar em plena e rica comunhão com ele. Dessa forma ele nos liberta de ligações doentias e idolatrias do mundo. Como pode essa perspectiva mais ampla servir como motivação para você hoje?

6. À luz de como a história termina, o que você aprendeu a respeito de Deus como provedor (v. 14)?

APLICAÇÕES/EXERCÍCIOS .... 25 MINUTOS

(5 minutos para escrever e 20 minutos para compartilhar e orar)

Quando Deus nos leva através de uma Muralha, somos mudados. A seguir estão quatro características principais da vida encontrada no outro lado da Muralha.

- Um nível maior de quebrantamento
- Maior apreço pelo desconhecido santo (Mistério)
- Profunda aptidão para esperar por Deus
- Um grande desapego (do mundo)

Carregar um diário pode ser uma poderosa ferramenta para ajudar a esclarecer áreas da nossa vida onde Deus deseja realizar transformação. Isso ilumina o que está acontecendo dentro de nós. Poucas ferramentas como escrever um diário nos levam a encontrar "o problema debaixo do problema".

1. Escolha uma característica da lista acima onde você sente que Deus está procurando trabalhar em você agora. Use o espaço abaixo para escrever seus pensamentos e sentimentos em como Deus está fazendo nascer algo novo em você/ou ajudando-o a mudar ideias incompletas ou imaturas sobre ele.

2. Terminem seu tempo juntos em duplas, compartilhando e orando um pelo outro.

Para o estudo da próxima semana

Leia o capítulo 7: "Amplie sua alma através do sofrimento e da perda".

DIÁRIO

Semana 5

AMPLIE SUA ALMA ATRAVÉS DO SOFRIMENTO E DA PERDA

Leitura: Capítulo 7

Leia o parágrafo seguinte lenta e meditativamente.

A perda é onde o autoconhecimento e a transformação poderosa podem ocorrer - se tivermos a coragem para participar totalmente do processo.

Todos nós enfrentamos muitas "mortes" em nossa vida. Nossa cultura usualmente interpreta essas perdas e esses sofrimentos como invasões estranhas que interrompem nossa vida "normal". A escolha é se essas mortes serão finais (esmagando nosso espírito e nossa vida) ou nos abrem para novas possibilidades e profundidades de transformação em Cristo.

CRESCER CONECTADO .... 10 MINUTOS

1. À medida que você crescia, como enfrentava suas decepções? Dê um exemplo.

____

____

____

____

INTRODUÇÃO .... 15 MINUTOS

1. Compartilhe brevemente uma perda experimentada no ano passado. Como essa perda impactou você?

____

____

____

ESTUDO BÍBLICO – MATEUS 26:31-44 .... 35 MINUTOS

O final da vida e o ministério vibrante, popular e terreno de Jesus pareceram ser uma enorme perda para seus discípulos e seguidores. Nesta passagem observaremos duas abordagens diferentes desta perda – do apóstolo Pedro e de Jesus. Leia Mateus 26:31-44.

1. Pedro estava profundamente comprometido com Jesus e seu reino, tendo deixado tudo para segui-lo. Qual a resposta de Pedro à terrível predição de Jesus (v. 31-36)?

___

___

___

___

2. A seguir há uma lista de defesas que usamos com frequência para nos protegermos da perda e do sofrimento. Faça um círculo nas defesas comuns que Pedro usa para se proteger contra a dura realidade da predição de Jesus:

- Negação
- Minimizar (admitir que algo está mal, mas de tal maneira que pareça menos grave do que realmente é)
- "Espiritualizar" em excesso
- Culpar os outros (ou Deus)
- Culpar-se
- Racionalizar (oferecer desculpas e justificativas)
- Intelectualizar (oferecer análises e teorias para evitar a consciência pessoal ou enfrentar sentimentos difíceis)
- Distrair

- Tornar-se hostil
- Medicar-se (com vícios nocivos ou ataduras para entorpecer a dor)

3. Com base na lista acima, você pode citar as defesas que tem a tendência de usar ao lidar com a perda e os contratempos e por quê?

4. É importante recordarmos que Jesus foi plenamente humano e totalmente divino. Gaste alguns minutos olhando para Jesus nos versículos 36-41. Em contraste com a lista anterior, quais foram algumas das formas que ele enfrentou e se moveu através das perdas?[14]

5. O que o exemplo do sofrimento de Jesus fala a você sobre aceitar seu próprio sofrimento e perda?

APLICAÇÕES/EXERCÍCIOS .... 30 MINUTOS

(Use 10 minutos para escrever a respeito das perguntas 1 e 2)

1. Usando o quadro ao lado, escolha dois ou três níveis de idade e escreva suas perdas significativas durante esses anos.
2.
3.

QUADRO DE SOFRIMENTO		
Idade (em anos)	Perdas/Desilusões experimentadas	Sua reação nessa fase
3-12		
13-18		
19-25		
25-40		
40 e mais velho		

4. Como foi sua experiência ao preencher o quadro acima? Ele o levou a algo novo? Explique.

5. Uma das mensagens centrais do cristianismo é que o sofrimento e a morte trazem ressurreição e vida nova. Existem algumas perdas que você ainda não aceitou onde a nova vida ainda está aguardando para nascer?[15]

6. Orem juntos, como um grupo, considerando o que está em seus corações em resposta a este estudo.

Para o estudo da próxima semana

Leia o capítulo 8: "Descubra os ritmos do ofício divino e do descanso".

Semana 6

DESCUBRA OS RITMOS DO OFÍCIO DIVINO E DO DESCANSO

Leitura: Capítulo 8

Muitos de nós estamos desejosos de desenvolver nossa relação com Deus. O problema, contudo, é que não parece que podemos separar o tempo suficiente para estarmos com ele. E, se não estivermos ocupados, sentimo-nos culpados por perder tempo e não sermos produtivos. É como um vício – não de drogas ou álcool, mas de tarefas, trabalho, atividades sem fim.

Deus, porém, está nos oferecendo uma maneira de aprofundar nossas raízes nele. Isso pode ser encontrado em duas antigas disciplinas que remontam a dois mil anos: o ofício divino e o descanso. Quando colocado dentro do cristianismo atual, o ofício divino e o descanso são revolucionários, são atos que vão contra a nossa acelerada cultura ocidental.

Para o ofício divino e para o descanso, parar não significa acrescentar mais uma lista de tarefas à nossa agenda já cheia. Trata-se de redefinir toda a nossa vida em nova direção – Deus. Estas práticas nos capacitam para estarmos sintonizados com a presença de Deus durante nossos dias e semanas.

CRESCER CONECTADO .... 10 MINUTOS

1. Qual das práticas você realiza diária ou semanalmente que o ajuda a manter-se conectado com Deus?[16]

____

____

____

____

INTRODUÇÃO .... 20 MINUTOS

Agora temos a oportunidade de experimentar essa prática chamada ofício divino.

1. Escolha uma pessoa para ler em voz alta as seguintes orientações para o ofício divino:
2.

- Durante os dez minutos seguintes, participaremos do que se denomina ofício divino. Trata-se de um tempo para *parar, diminuir o ritmo, concentrar-se e fazer uma pausa* para estar com Jesus.
- Observe que haverá silêncio por um minuto no início e ao término de cada ofício divino.
- Faremos também uma pausa de 15 segundos *entre* cada leitura e oração.
- Reserve um minuto para uma visão geral dos textos da Escritura sobre os quais estaremos orando. Oraremos em voz alta em conjunto. Siga a orientação do facilitador.

Facilitador: "Para começar, convido vocês a fecharem os olhos durante uns instantes; todos vocês devem deixar os papéis que desempenham na vida - por exemplo, pai, mãe, chefe, empregado, estudante, amigo, irmão, irmã, professor. Neste momento, vocês são apenas filhos de Deus. Para se preparar para este ofício divino, imagine Deus tendo prazer em você como um pai tem prazer em seu filho. Ele está ansioso em dar a você sua completa atenção durante este tempo. Os olhos dele brilham enquanto ele observa o seu rosto. Ele está sorrindo e mostrando seu amor sobre todo o seu ser. Que palavras você gostaria que Deus lhe dissesse? Permita que ele fale essas palavras sobre você".[17]

"Como nos instruem as Escrituras: *Aquietai-vos e sabei que eu sou Deus* (Salmos 46:10), começaremos nosso momento juntos com um minuto de silêncio".

Silêncio (1 minuto)

Oração de abertura

Facilitador: "Vamos ler juntos em voz alta"

Juntos:

Ensina-nos a contar nossos dias para que alcancemos um coração sábio.

Porque, aos teus olhos, mil anos são como o dia de ontem que passou, como a vigília da noite.

Seja sobre nós a graça do Senhor, nosso Deus; e confirma sobre nós a obra das nossas mãos; sim confirma a obra das nossas mãos.

(Salmos 90:12, 4,17)

Pausa (15 segundos)

Facilitador: "Vamos ler juntos em voz alta"

Juntos:

Nossa esperança está no Senhor; ele é o nosso auxílio e a nossa proteção. Nele se alegra o nosso coração, pois confiamos no seu santo nome. Esteja sobre nós o teu amor, Senhor, como está em ti a nossa esperança.

(Salmos 33:20-22, NVI)

Pausa (15 segundos)

Facilitador: "Vamos ler juntos em voz alta"

Juntos:

"Pai nosso que estás no céu, santificado seja o teu nome; venha o teu reino, seja feita a tua vontade, assim na terra como no céu; o pão nosso de cada dia nos dá hoje; e perdoa-nos as nossas dívidas, assim como também temos perdoado aos nossos devedores; e não nos deixes entrar em tentação; mas livra-nos do mal. [Pois teus são o reino, o poder e a glória, para sempre. Amém].

(Mateus 6:9-13)

Oração de encerramento

Facilitador: "Vamos ler juntos em voz alta"

Juntos:

Senhor, tu dizes que *"No arrependimento e no descanso está a salvação de vocês, na quietude e na confiança está o seu vigor"*. Ensina-me a descansar e confiar em ti o restante deste dia. *"Ensina-me o teu caminho, Senhor, para que eu ande na tua verdade; dá-me um coração inteiramente fiel, para que eu tema o teu nome. Pois grande é o teu amor para comigo.*

(Isaías 30:15b; Salmos 86:11,13a, NVI)

Conclua com silêncio (1 minuto)

1. No grupo, compartilhe brevemente seus pensamentos e sentimentos a respeito dessa experiência.[18]

ESTUDO BÍBLICO – DANIEL 6:6-10 .... 40 MINUTOS

Após ter sido removido à força de seu país e de seu lar, Daniel recebeu uma prestigiosa educação e um emprego de alto nível no governo. A pressão sobre ele para se conformar aos valores mundanos e pagãos da Babilônia foi enorme. O exemplo a seguir nos mostra um dos segredos de sua fiel devoção a Deus. Leia Daniel 6:6-10.

1. Releia o versículo 10 em voz alta. O que dizem a você as palavras desse versículo?

2. Como você acha que essa prática manteve Daniel ancorado em Deus e o capacitou a resistir à grande pressão que ele estava enfrentando?[19]

3. Que custos isso implicou para Daniel?

4. Quais os maiores obstáculos que impedem você de estar com Deus duas ou três vezes ao dia?

5. A seguir estão os Dez Mandamentos. Reveja o quarto mandamento que se encontra em Êxodo 20:8-11.

Primeiro - *Não terás outros deuses além de mim.*

Segundo - *Não farás para ti imagem esculpida.*

Terceiro - *Não tomarás o nome do* SENHOR *teu Deus em vão.*

Quarto - *Lembra-te do dia de sábado, para o santificar. Seis dias trabalharás e farás o teu trabalho; mas o sétimo dia é o sábado do* SENHOR *teu Deus. Nesse dia não farás trabalho algum, nem tu, nem teu filho, nem tua filha, nem teu servo, nem tua serva, nem teu animal, nem o estrangeiro que vive contigo. Porque o* SENHOR *fez em seis dias o céu e a terra, o mar e tudo o que neles há, e no sétimo dia descansou. Por isso, o* SENHOR *abençoou o dia de sábado e o santificou.*

Quinto - *Honra teu pai e tua mãe.*

Sexto - *Não matarás.*

Sétimo - *Não adulterarás.*

Oitavo - *Não furtarás.*

Nono - *Não dirás falso testemunho.*

Décimo - *Não cobiçarás...coisa alguma do teu próximo.*

(Êx 20:3-17)

O sábado envolve um ritmo regular de parar, descansar, desfrutar e contemplar Deus durante um período de vinte e quatro horas por semana.

Qual, se houver, é o seu costume habitual quanto à guarda do sábado?

APLICAÇÕES/EXERCÍCIOS .... 20 MINUTOS

O sábado bíblico tem quatro princípios fundamentais que o distinguem do "dia comum".

- **Parar** - "Parar" está implícito no significado literal da palavra hebraica. Nós temos limites. Deus está em seu trono governando o mundo. O mundo continua funcionando bem quando eu paro.
- **Descansar** - Uma vez parados, somos chamados ao descanso do nosso trabalho e de nosso "fazer".
- **Alegrar** - Devemos reduzir nosso ritmo para podermos desfrutar do que nos foi dado.
- **Contemplar** - Devemos considerar o amor de Deus. Todo sábado degustamos a gloriosa eterna festa que nos aguarda no céu, quando o veremos face a face (v. Apocalipse 22:4).

O sábado é como receber o presente de um denso dia de neve cada semana. As lojas se fecham. As estradas ficam intransitáveis. De repente você tem o presente de um dia para fazer o que quiser. Você não tem nenhuma obrigação, pressão ou responsabilidade. Você tem permissão para orar, estar com amigos, tirar uma soneca, ler um bom livro. Poucos de nós nos daríamos um "dia sem obrigações" com muita frequência. Deus dá um a você - a cada sete dias.

Medite sobre isso. Ele nos dá mais de sete semanas anuais (cinquenta e dois dias no total) de "dias de neve " por ano.[20]

Leia as perguntas 1 e 2. Compartilhe brevemente uma de suas respostas.

1. Que diferença faria em sua vida se você celebrasse um sábado todas as semanas?

____

____

____

____

2. Que perguntas, preocupações ou temores você tem que o impedem de tornar esse hábito parte do seu ritmo semanal?

3. Escreva uma resposta em seu diário: Tanto o ofício divino como o sábado têm relação com um ritmo em nossos dias e semanas. Reserve 2 a 3 minutos para escrever no espaço abaixo um pequeno passo que você pode dar para começar a incorporar uma dessas duas antigas disciplinas.

Orem juntos, comprometendo-se com seu plano para Deus.

Para o estudo da próxima semana

Leia o capítulo 9: "Torne-se um adulto emocionalmente maduro".

Semana 7

TORNE-SE UM ADULTO EMOCIONALMENTE MADURO

Leitura: Capítulo 9

Amar devidamente é a meta da vida cristã. Jesus tinha consciência de que a verdadeira espiritualidade não consistia somente em amar a Deus, mas também a capacidade de amar os outros de forma madura.

Crescer para se converter numa pessoa cristã emocionalmente madura inclui ter a experiência com cada indivíduo, incluindo a mim mesmo, como sagrado, ou, como coloca Martin Buber, como "Tu", e não "Isso". Tornar-se emocionalmente maduro requer aprendizado, prática e integração de habilidades como falar respeitosamente, escutar com empatia, negociar conflito de forma justa e descobrir as expectativas ocultas que tenho dos outros... apenas para citar algumas.

Como veremos no estudo bíblico de hoje sobre a parábola do bom samaritano, tanto o autorrespeito como a compaixão por outros são parte de uma vida enraizada na relação "Eu-Tu".

CRESCER CONECTADO .... 10 MINUTOS

1. Discutam e anotem as qualidades que descrevem a imaturidade emocional e a maturidade emocional nos círculos abaixo. À medida que você pensa nessas qualidades, considere como devemos tratar/ver a nós mesmos e como devemos tratar/ver outras pessoas.

IMATURIDADE EMOCIONAL	MATURIDADE EMOCIONAL

INTRODUÇÃO .... 15 MINUTOS

1. Por que você acredita que podemos estar comprometidos e "crescer" em Cristo e, no entanto, não estar crescendo em nossa habilidade de estar "devocionalmente presente" ou "amar os outros"?[21]

ESTUDO BÍBLICO – LUCAS 10:25-37 .... 35 MINUTOS

Quem pode ouvir, sem se sentir atingido, uma história no noticiário sobre alguém que foi espancado, roubado, despido e deixado à morte num beco? Essas histórias da vida real também aconteciam nos dias de Jesus. A passagem de hoje é também uma história muito perturbadora. Leia Lucas 10:25-37.

1. De acordo com Martin Buber,[22] o grande teólogo judeu, nós tratamos as pessoas como "Isso" quando as usamos como meios para um fim ou como objetos. Tratamos as pessoas como "Tu", quando reconhecemos cada pessoa como um ser único, feito à imagem de Deus e as trato com dignidade e respeito. Se você fosse o sacerdote ou o levita, que razões teria para ignorar esse homem e tratá-lo como "Isso", e não como "Tu"?

2. Observando os versículos 31 a 33, o que o samaritano viu e sentiu que tanto o sacerdote como o levita não viram nem sentiram?

3. Escreva seus pensamentos sobre as seguintes perguntas durante 10 minutos:

a. Você pode pensar sobre um momento em que foi tratado negativamente, menosprezado ou ignorado como se fosse invisível? Como você se sentiu?

b. Quem lhe ensinou a não ser visto ou tratado como um "isso"?

4. Um ou dois de vocês estariam de acordo em compartilhar suas respostas sobre as perguntas anteriores?

5. Leia novamente os versículos 33-36. A compaixão do samaritano o levou a se deter e ajudar o homem ferido.

Ao mesmo tempo, como demonstrou respeito próprio e consciência de seus limites?

6. Quais são alguns de seus desafios quando se trata de amar seu próximo e a si mesmo?[23]

7. À luz de como Deus está falando a você através deste estudo, como recebe as palavras do v. 37 para "ir e fazer o mesmo"?

APLICAÇÕES/EXERCÍCIOS .... 30 MINUTOS

Uma maneira de crescer na área de amar devidamente os outros e tratarmos a nós mesmos e aos outros como "Tu", é compreender como conduzimos nossas expectativas nos relacionamentos.[24]

EXPECTATIVAS e SUPOSIÇÕES sobre o que alguém DEVERIA fazer. Sempre que eu faço uma suposição sobre alguém sem ter certeza, provavelmente a estou tratando como "Isso", e não como "Tu". Por quê? Estou me precipitando a tirar conclusões sem ter verificado a suposição. Pense em como se sente quando alguém se irrita porque você não atendeu às expectativas dessa pessoa, todavia ela nunca lhe comunicou isso. Ela simplesmente supôs que você deveria saber.

Expectativas insatisfeitas e não claras podem provocar conflitos em nossos locais de trabalho, salas de aula, amizades, namoros, casamentos, times esportivos, famílias e igrejas. Esperamos que outras pessoas saibam o que queremos antes que o digamos. O problema com a maior parte das expectativas é que elas são:

- Inconscientes – podemos ter expectativas do que nem sequer temos consciência até sermos decepcionados por alguém.
- Irrealistas – podemos desenvolver expectativas irrealistas apenas vendo TV, filmes ou outras pessoas ou recursos que dão falsas impressões.
- Não faladas – talvez nunca tenhamos falado à nossa esposa, ao nosso marido, ao amigo, ou empregado o que esperamos, mas ficamos irritados quando nossas "expectativas" não são atendidas.
- Não acordadas – podemos ter tido nossos próprios pensamentos sobre o que se esperava, mas nunca nos pusemos de acordo a respeito com a outra pessoa.

1. Pense numa expectativa simples, recente, que não foi atendida e o(a) tenha deixado irritado(a) e decepcionado(a).[25] Por exemplo: Eu esperava que o meu marido me acompanhasse à festa do meu escritório na semana passada. Eu esperava me socializar com os participantes do meu pequeno grupo fora dos momentos de reunião. Esperava que o meu adolescente colocasse seus pratos sujos na lavadora de pratos. Esperava que o meu chefe me desse pelo menos 5% de aumento como no ano passado. Escreva a seguir a sua:

____

____

____

____

____

____

2. Compare o que você escreveu com as perguntas citadas abaixo:

- Consciente – Eu estava consciente de que tinha essa expectativa?
- Realista – Minha expectativa em relação à outra pessoa é realista?
- Falada – Tenho expressado minha expectativa de modo claro, direto e respeitoso?
- Acordada – A outra pessoa está de acordo com a expectativa?

Lembre-se deste princípio: As expectativas são válidas somente quando foram acordadas mutuamente. Essas são as expectativas que temos o direito de esperar.

3. Divida o grupo em dois ou três subgrupos e responda às duas perguntas seguintes:

- O que você descobriu sobre suas expectativas?

____

____

____

____

- Que passo(s) você pode dar para que suas expectativas sejam conscientes, realistas, faladas e acordadas e, dessa forma, permitirem você relacionar-se da maneira "Eu-Tu"?

____

____

____

____

4. Ore. Peça a Deus que lhe conceda a coragem para fazer as mudanças necessárias para que você se relacione com os demais; por exemplo, amar de forma madura ao tratar você mesmo e aos outros com "Tu" em vez de "Isso".

Para o estudo da próxima semana

Leia o capítulo 10: "Dê o próximo passo para desenvolver uma 'Regra de vida'".

DIÁRIO

Semana 8

DÊ O PRÓXIMO PASSO PARA DESENVOLVER UMA "REGRA DE VIDA"

Leitura: Capítulo 10

Se quisermos nutrir um coração que trate as pessoas, e nós mesmos, como "Tu" em vez de "Isso", precisamos ser intencionais a respeito de nossa vida. Ao ordenar nossa vida para contemplarmos o amor de Cristo e receber seu amor, nos capacitaremos a dar o amor de Cristo para os outros. Dessa forma, ele transforma nossa vida em dádiva às nossas famílias, amigos, colegas de trabalho e comunidades.

O problema novamente, porém, é a nossa atividade profissional e falta de intencionalidade. Vemo-nos, com frequência, desfocados, distraídos e espiritualmente à deriva. Poucos têm um plano consciente para desenvolver intencionalmente a vida espiritual.

Cultivar uma crescente espiritualidade em nossa cultura atual exige um plano pensado, consciente e com propósito. Fazer isso bem, entretanto, requer descobrirmos outro tesouro enterrado – a "Regra de Vida".

CRESCER CONECTADO .... 10 MINUTOS

1. Antes de começar nosso estudo final, é importante fazermos uma pausa e refletirmos sobre os sete estudos anteriores.

- O problema da espiritualidade emocionalmente doentia

(Saul - emocionalmente inconsciente e não cultivava sua relação com Deus)

- Conheça a si mesmo para poder conhecer Deus

(Davi - vivendo corajosamente de acordo com seu verdadeiro ego)

- Retroceda para poder avançar

(José – transformado por um passado muito difícil)

- A jornada através da Muralha

(Abraão - confiando em Deus na "noite escura da alma")

- Amplie sua alma através do sofrimento e da perda

(Jesus no Getsêmane - aceitando a vontade de Deus)

- Descubra os ritmos do ofício divino e do descanso

(Daniel - firmando-se em Deus)

- Torne-se um adulto emocionalmente maduro

(O bom samaritano - modelando um coração "Eu-Tu" para outros)

Diante de como Deus tem se apresentado a você por meio desses estudos, complete a sentença seguinte:

Estou começando a me dar conta de que...

____

____

____

____

INTRODUÇÃO .... 15 MINUTOS

1. Pense em sua vida em termos de oração, descanso, trabalho/atividade e relacionamentos. Em cada quadrado, escreva algo específico que você esteja fazendo atualmente em cada uma dessas quatro áreas para cultivar seu relacionamento com Jesus.

Oração	Descanso
Trabalho/Atividade	**Relacionamentos**

ESTUDO BÍBLICO – ATOS 2:42-47 .... 15 MINUTOS[26]

A Regra da Vida nos será apresentada à medida que estudarmos a primeira comunidade cristã.

A palavra "regra" vem do grego *trellis*. Uma *trellis* (treliça) é o que permite à videira sair do chão e crescer, tornando-se mais frutífera e produtiva. Da mesma forma, uma Regra de Vida é uma treliça que nos ajuda a permanecer em Cristo e nos tornarmos mais frutíferos espiritualmente.[27]

1. Em Atos vemos a vida da primeira comunidade de crentes logo depois da vinda do Espírito Santo no Pentecoste. Três mil pessoas acabam de converter-se à fé em Cristo. Leia Atos 2:42-47. O que essa passagem diz a você?

____

____

____

2. Com base nessa passagem, como você descreveria sua Regra de Vida? Descreva as atividades/disciplinas que eles usam para crescer e amadurecer em Cristo.[28]

____

____

____

APLICAÇÕES/EXERCÍCIOS .... 50 MINUTOS

(Use cinco minutos para ler atentamente a introdução)

Agora é o momento para você começar a desenvolver sua Regra de Vida. A seguinte história e perguntas têm o objetivo de ajudá-lo a discernir o que está impedindo o caminho para desenvolver um estilo de vida que o mantenha mais plenamente conectado com Deus.

Em seu livro *A Hidden Wholeness* [Integridade oculta] Parker Palmer relata uma história sobre fazendeiros do Centro-Oeste que se preparavam para nevascas amarrando uma corda da porta dos fundos da casa até o celeiro como guia para garantir o retorno seguro para casa. Essas nevascas vinham rápida e violentamente e eram altamente perigosas. Muitos morriam congelados nessas nevascas, desorientados e cegos. Andavam em círculos, perdidos em seu próprio quintal. Se eles perdiam o contato com a corda, tornava-se impossível encontrar o caminho para casa. Alguns se congelavam a centímetros da própria porta da frente, nunca se dando conta de como estiveram tão perto de se salvar.

Muitos de nós perdemos o rumo, espiritualmente, no "branco total da nevasca que serpenteia ao nosso redor".

1. Tome 15 minutos do tempo a sós com Deus para considerar as seguintes perguntas.[29]

- Qual a natureza da sua "nevasca" neste momento de vida?

- O que contribui para a sua "nevasca"? Como ela é? Qual a sensação?

- O que a "nevasca" impede ver? O que se perde em meio a ela?

- Precisamos de uma corda que nos mantenha conectados a Deus. Observe que cada corda é realmente feita de uma série de pequenos fios entrelaçados. À luz de sua vida atualmente, de que fios você quer fazer sua corda (Regra de Vida)?

2. Depois de seu tempo a sós, procure outra pessoa no grupo. Compartilhe o que você descobriu em seu tempo a sós. (10 minutos)
3. Reúna-se com o grupo todo e convide quem gostaria de compartilhar como Deus o está tocando em relação às "nevascas" e à sua própria "Regra de Vida". (10 minutos)
4. Como grupo, orem juntos, dando graças a Deus tanto por seu tempo no grupo como pelas coisas novas que Deus está fazendo em sua jornada com ele. (10 minutos)

OBSERVAÇÕES GERAIS PARA O LÍDER

1. Leia em voz alta a introdução fornecida no início de cada estudo. Isso criará um contexto para o começo do estudo.
2. A pergunta inicial ajuda a começar a sessão, mas não demore aqui. É importante você avançar para o centro do estudo.
3. A natureza deste material se conduz facilmente para um amplo compartilhamento. Um de seus maiores desafios como líder/facilitador do grupo será manter o grupo focado e compartilhar dentro do tempo designado para cada parte do estudo. É importante cobrir cada sessão de cada estudo para dar ao seu grupo uma ampla exposição para cada tópico à medida que eles começam a jornada na espiritualidade emocionalmente saudável.
4. Se o seu grupo for grande, será bom desmembrá-lo em grupos menores de três a quatro pessoas, para que todos tenham a oportunidade de participar.
5. Quando apropriado, seria proveitoso para você liderar, sendo sensível e aberto com sua própria jornada com este material.
6. Lembre-se, somos especialistas apenas em nossa própria jornada. Respeite onde cada pessoa estiver em sua jornada com Cristo. O Espírito Santo impelirá e conduzirá cada pessoa de forma diferente e em tempos diferentes através deste material. Lembre-se que as pessoas mudam lentamente - incluindo você.

SUGESTÃO ADICIONAL DE *LEADING BIBLE DISCUSSIONS* (INTERVARSITY)

1. Evite responder às suas próprias perguntas. Sinta-se livre para reformular uma pergunta até que ela seja claramente compreendida.
2. Estimule mais do que uma resposta para cada pergunta. Pergunte: "O que os demais pensam?" ou "Mais alguém?"
3. Tente ser afirmativo sempre que possível. Deixe as pessoas verem que você gosta da contribuição delas.
4. Tente não rejeitar uma resposta. Se ela estiver claramente errada, pergunte: "O que na passagem o levou a essa conclusão?"
5. Evite sair pela tangente. Se as pessoas se desviarem do curso, delicadamente traga-as de volta ao assunto em pauta.

OBSERVAÇÕES DE CADA ESTUDO PARA O LÍDER

Semana 1: O problema da espiritualidade emocionalmente doentia.

Se esta for a primeira reunião do seu pequeno grupo, você precisará acrescentar mais meia hora a este primeiro estudo para se familiarizar e cobrir os pontos de "arrumação da casa" indicados a seguir. Isso precisará ser feito antes de começar o estudo propriamente dito.

Certifique-se de cobrir os seguintes detalhes para sua primeira reunião:

- Tenha crachás, Bíblias, o *Guia de estudos Espiritualidade emocionalmente saudável*, o livro *Espiritualidade emocionalmente saudável* e canetas para quem não tiver.
- Esteja pronto com 15 minutos de antecedência.
- Cumprimente e recepcione cada pessoa individualmente.
- Reveja as datas e a época em que o grupo se reunirá.

NOTAS EXPLICATIVAS

Semana 1: O problema da espiritualidade emocionalmente doentia

[1] É bom que o líder/facilitador leia e se familiarize com outros exemplos do capítulo 2 sobre os "10 primeiros sintomas da espiritualidade emocionalmente doentia" (p. 31).

[2] A ordem para "destruir totalmente", incluindo mulheres e crianças, apresenta uma dificuldade moral e teológica para o leitor moderno. Logo depois de terem saído do Egito, os israelitas "cansados e desgastados" foram atacados pelos amalequitas (Êxodo 17:8-16). Após Deus ter concedido vitória ao seu povo, ele prometeu destruir completamente os amalequitas da face da terra (v. também Deuteronômio 25:17,18). Depois, por meio de Saul, Deus determina realizar sua ameaça. Você poderá querer mencionar três razões para essa ordem. Primeira, Israel estava funcionando como instrumento do juízo de Deus sobre uma cultura ímpia, profundamente pecaminosa. Segunda, Israel precisava eliminar todas as formas de tentação que o pudessem corromper e impedi-lo de ser o instrumento escolhido de Deus no mundo. Esta drástica ação foi necessária para manter a santidade (Deuteronômio 7:1-6; 20:16-18). Finalmente, em hebraico a expressão "destruir totalmente" significa "dedicar a Javé". Os despojos, então, foram entregues e dedicados a Deus e foram, de certa forma, um sacrifício a Deus. Tenha cuidado em não gastar muito tempo neste ponto.

[3] Para quem não leu o livro, você pode explicar a ilustração do *iceberg* encontrada na p. 23 do capítulo 1 de *Espiritualidade emocionalmente saudável.*

[4] V. p. 58 e 59 de *Espiritualidade emocionalmente saudável* (Hagnos) para uma descrição completa da espiritualidade contemplativa e saúde emocional.

Semana 2: Conheça a si mesmo para poder conhecer Deus

[5] Antes de começar este estudo:

- Reserve alguns minutos para recepcionar calorosamente cada integrante.
- Introduza o assunto mencionando que no último estudo o grupo viu Saul e o problema da espiritualidade emocionalmente doentia. Mas nesta semana estudaremos Davi e o primeiro princípio da espiritualidade emocionalmente saudável - Conheça a si mesmo para poder conhecer Deus.
- Leia novamente em voz alta as orientações das p. 4 e 5 para o tempo juntos como pequeno grupo.

[6] Quando as pessoas falam sobre seu emprego dos sonhos, fique atento, pois, com muita frequência, isso pode dar a você (e a elas) um vislumbre do seu "verdadeiro ego" de forma surpreendente.

[7] É bom que você leia novamente a seção "Descobrindo suas emoções e a vontade de Deus" (p. 92 e 93 de *Espiritualidade emocionalmente saudável* Hagnos) para um breve resumo do papel dos sentimentos no discernimento da vontade de Deus.

[8] Este exercício pode trazer à baila sofrimento significativo em alguns dos integrantes do grupo (p. ex., raiva não resolvida, tristeza que não foi lamentada, vergonha que tem sido disfarçada). Lembre-se que este é um exercício limitado com um objetivo

– ajudar as pessoas a começar a ter consciência do quanto está dentro delas. Este não é o momento para consertar ou dar conselho. Dar espaço às pessoas para expressarem seus sentimentos é uma contribuição suficiente. Se a "caixa de Pandora" se abrir para um membro do grupo, agradeça à pessoa por sua percepção e sensibilidade. Deixe-as saber que, se quiserem, você terá prazer em falar com elas depois da reunião do grupo. É importante reconhecer o seu papel como facilitador/líder do pequeno grupo, e não de um conselheiro profissional. Em alguns casos, você poderá dirigi-los para obterem a ajuda de que precisam além dos limites do seu grupo.

[9] Uma forma muito útil para esclarecer este processo de crescimento em nosso verdadeiro ego de uma nova maneira é pelo uso de um novo termo: diferenciação. Ele se refere à capacidade da pessoa de "definir os objetivos e valores de sua própria vida independentemente das pressões das pessoas ao seu redor". A ênfase-chave da diferenciação está na habilidade de pensar com clareza e cuidado como um outro meio, além dos nossos sentimentos, de conhecer a nós mesmos. Ela envolve a habilidade de continuar sendo o que você é e o que não é. Distinguir o grau em que você consegue afirmar seus valores e suas metas independentemente das pressões ao seu redor (separação) enquanto permanece próximo às pessoas importantes para você (proximidade) ajuda a determinar o seu nível de diferenciação. Pessoas, como Davi, altamente diferenciadas, podem escolher como querem ser sem ser controladas pela aprovação ou desaprovação dos outros. A intensidade dos sentimentos, o alto estresse ou a ansiedade de outros ao seu redor não subjugam sua capacidade de pensar de forma inteligente.

Semana 3: Retroceda para avançar

[10] Não há como sabermos com certeza por que José chorou, mas existem inúmeras possibilidades. Talvez ele tenha chorado porque mais uma vez se deu conta de que eles estavam mentindo. Talvez ele soubesse que Jacó nunca deixara instruções para que ele não lhes fizesse mal. Talvez ele percebesse que seus irmãos nunca mudariam de verdade; eles ainda estavam mentindo. Ou talvez podia ser que eles finalmente estivessem admitindo sua terrível crueldade e pecados contra José. E José chora porque seu sofrimento é finalmente validado e reconhecido. Talvez fossem lágrimas de alegria quando ele se deu conta de que ali estava a realização do seu sonho em Gênesis 37, ou que todo o sofrimento de sua vida havia levado à verdade daquele momento onde ele devia tomar uma importante decisão de perdoar ou não.

[11] Estimule os que investigaram suas raízes e família de origem em algum outro momento, ou preenchido um quadro antes da reunião do grupo, a orar e considerar novamente este exercício. Deus nos surpreende com frequência com novas percepções quando damos espaço para contemplar estas mensagens diante dele.

Semana 4: Jornada através da Muralha

[12] Normalmente leva tempo compartilhar sobre uma Muralha na vida de alguém. Desde que temos somente 15 minutos para esta seção inicial, você como líder/facilitador deverá usar este tempo para compartilhar sobre uma Muralha que você tenha

experimentado. Descobrimos que um testemunho bem pensado pode às vezes ser melhor do que uma discussão aberta neste tempo. Histórias sobre Muralhas podem ser muito longas! Pelo menos, somente uma ou duas pessoas terão tempo para compartilhar.

[13] Frequentemente carregamos dentro de nós crenças ou ideias erradas a respeito de Deus. Por exemplo, tomamos o versículo *Agrada-te também do Senhor, e ele satisfará os desejos do teu coração* (Salmos 37:4) no sentido de que, se estivermos fazendo tudo o que pensamos que Deus quer, então somente boas coisas acontecerão. O problema é que isso contradiz outras partes da Escritura como o nosso texto aqui. Abraão esteve, até onde a Escritura indica, fazendo a vontade de Deus. Todavia, certamente não foi o desejo do coração de Abraão matar seu filho! Jó é outro exemplo clássico. Ele é um sofredor inocente. O que torna sua vida tão desconcertante é a indesejada natureza do seu sofrimento. O princípio de que colhemos o que plantamos (Gálatas 6:7,8) não se aplica a Jó, como seus amigos argumentaram em Jó 3–37. Por isso, aceitar nossas Muralhas quase sempre resulta numa crise de fé para muitos crentes em vez de uma porta para transformação.

Semana 5: Amplie sua alma através do sofrimento e da perda

[14] A reação de Jesus ao seu sofrimento e perda tem vivo contraste com a de Pedro. Jesus, por exemplo, sente profundamente sua tristeza e dor. Ele não "protela" nem a espiritualiza. Jesus admite abertamente seu sofrimento aos que lhe são próximos e pede-lhes que o apoiem. Ele ora repetidas vezes ao Pai pedindo uma alternativa, mas finalmente aceita o "não" do Pai. Vemo-lo passando por um processo de luta para aceitar a vontade do Pai e finalmente se levantar e aceitá-la.

[15] Duas perguntas surgem frequentemente com relação ao sofrimento:

1. Como sei se estou sofrendo ou deveria estar sofrendo por uma perda? Uma forma de saber se estamos sofrendo é quando experimentamos alguns dos seguintes sintomas que normalmente acompanham as etapas da aflição – depressão, raiva, incredulidade, nostalgia, descrença. Por outro lado, se você passa por uma perda significativa, mas não experimenta qualquer dos sentimentos descritos, você pode precisar de uma ajuda idônea e objetiva externa para o ajudar a atravessar o processo.
2. Como sei quando sofri o suficiente por uma perda? Há muitos fatores que impactam a quantidade de tempo necessária. Por exemplo, quanto mais profunda a perda, mais tempo necessário para sofrê-la. A perda sentida quando um filho sai de casa para ir para a faculdade é muito diferente do que a perda sentida quando o filho morre tragicamente. Outro fator é respeitar como Deus fez cada um de nós diferente. O tempo que você e eu precisamos pode ser muito diferente. Um princípio chave é não censurar suas emoções que surgem como resultado de uma perda. Permita-se, como Jesus e Davi, senti-las profundamente perante Deus. Censurar certos sentimentos porque são "maus" somente prolongará ou abortará o processo de discipulado necessário para uma transformação duradoura em nossa vida.

Semana 6: Descubra os ritmos do ofício divino e do descanso

[16] Tenha o cuidado de não gastar muito tempo aqui. Realisticamente, há tempo somente para 2-3 pessoas compartilharem num período de 10 minutos.

[17] O líder/facilitador deverá ler isto lenta e meditativamente.

[18] Esta é uma prática aprendida que toma tempo. Para alguns será difícil; para outros, não será suficientemente longo. Outros lutarão com todo o seu ruído interior. Prepare-se para uma ampla variedade de respostas. Otimisticamente, muitos terão se ajustado confortavelmente ao ritmo do ofício divino se tiverem começado a praticá-lo desde o início do seu pequeno grupo.

[19] O conceito de ofício divino tem uma rica história que remonta a Daniel, Davi, aos judeus do tempo de Jesus e à igreja primitiva. É o ritmo de parar para estar com Deus em determinados momentos durante o dia para podermos "praticar a presença de Deus".

[20] Deus nos deu o exemplo trabalhando seis dias e descansando um. Conseguimos mudar nossos "dias de folga" em dias de trabalho também, enchendo-os de atividades (p. ex., trabalhos domésticos, terminar listas de "coisas a fazer" etc.). Na realidade, não paramos para descansar, desfrutar e contemplar Deus.

Semana 7: Torne-se um adulto emocionalmente maduro

[21] Esteja ciente de que isto pode levar a uma discussão animada! A seguir estão alguns exemplos de possíveis respostas: Quase sempre enfatizamos a produtividade e os dons espirituais, em geral negligenciando traços preocupantes de caráter. Nós também equiparamos o conhecimento da Escritura à maturidade espiritual e ignoramos a imaturidade emocional. Amar devidamente é muito mais difícil de avaliar do que contentar e realizar o ministério para Deus. Por isso, esteja preparado para encerrar esta discussão no tempo designado e passe para a seção seguinte.

[22] Para uma discussão mais completa da distinção de Martin Buber entre os relacionamentos "Eu-Isso" e "Eu Tu", v. Scazzero, *Espiritualidade emocionalmente saudável*, (Hagnos, 2013) p. 225-226.

[23] É importante mantermos a tensão criativa e o equilíbrio saudável entre cuidado do ego e doação do ego. Viver num dos extremos nos leva a acabar causando ressentimento nas pessoas ou ignorando por completo os necessitados ao nosso redor. O samaritano se detém para ajudar o homem ferido. Ao mesmo tempo, ele tem o cuidado próprio e o autorrespeito para reconhecer seus próprios limites e decide retomar sua viagem no dia seguinte. Um equilíbrio saudável do cuidado de si mesmo e da autodoação em nossa vida é necessário para vivermos um relacionamento "Eu-Tu", tanto em relação a nós mesmos quanto em relação aos outros.

[24] Este exercício é adaptado de Pat Ennis, *The Third Option: Ministry to Hurting Marriage* [A Terceira opção: ministério de casamentos infelizes], Teachers Manual, Topic n.3, "Expectations", 1-9.

[25] Evite exemplos de expectativas em torno de assuntos ou responsabilidades morais (p. ex., abuso doméstico, adultério, papel dos pais na educação dos filhos, integridade financeira em nossa igreja). Esses assuntos vão além do escopo deste exercício.

Semana 8: Dê o próximo passo para desenvolver uma "Regra de Vida"

[26] Favor observar que este estudo bíblico tem a duração intencional de apenas 15 minutos. Colocamos o maior peso desta reunião final no exercício de aplicação, para o qual serão necessários 45 minutos.

[27] Lembre-se, uma Regra de Vida é simplesmente um plano intencional e consciente para manter Deus no centro de tudo o que fazemos. Ela fornece orientação para nos ajudar a nos lembrar continuamente de Deus como fonte de nossa vida. Isso inclui nossa única combinação de práticas espirituais que fornecem estrutura e direção para prestarmos atenção intencionalmente e nos lembrarmos de Deus em tudo o que fazemos.

[28] Observe que não há insinuação de legalismo ou "deveria" na descrição da igreja em Atos. Jesus disse: *Meu jugo é suave e o meu fardo é leve* (Mateus 11:28-30). Da mesma forma, qualquer regra saudável de vida que desenvolvermos precisa se ajustar à forma como Deus nos fez nesta fase particular de nossa vida.

[29] Este exercício é mais bem feito dando-se espaço físico aos integrantes para que estejam a sós. Se o espaço permitir, peça aos integrantes que encontrem um espaço pessoal onde possam passar esses 15 minutos em solitude refletindo sobre essas questões perante Deus.